la formiga

W0211303

aa

la formiga

Altres títols publicats a La Formiga Groga - A partir de 8 anys

48. *El dia que el metro se'ns va empassar.* Gemma Armengol / Tatay
50. *Això és un secret que només sé jo.* Eulàlia Canal / Zuzanna Celej
53. *La tortuga Tranquil·la i altres contes.* Michael Ende / Alberto Pieruz
55. *Amics monstruosos.* Anna Manso / Gabriel Salvadó
61. *Naps & Cols.* Patrícia Boldú / Núria Feijoó
67. *L'ocell que no passava els dijous.* Dolors Garcia i Cornellà / Sílvia Cabestany
69. *Em dic Aran i m'encanta escriure!* Jaume Cela / Anna Clariana
71. *Un pit-roig a la motxilla.* M. Àngels Juanmiquel Rovira / Fran Parreño
74. *El cocodril d'en Gustau.* Gabriela Rubio / Joan Negrescolor
76. *Qui necessita la foto d'una fada?* Albert Juvany i Blanch / Zuzanna Celej
79. *El millor dia de la meva vida.* Raimon Portell / Joma
81. *Estels Vermells.* Flavia Company / Jorge del Corral
86. *No despertis vells fantasmes!* Teresa Blanch / Cristina Picazo
87. *L'extraordinari doctor Rupert.* Eulàlia Canal i Glòria Marín / Carles Arbat

Hi ha unes propostes didàctiques, referides a aquest llibre, que els ensenyants poden descarregar-se de manera gratuïta a través d'Internet www.animallibres.cat.

PAPER ECOLÒGIC
TCF LLIURE DE CLOR

FOTOCOPIAR LLIBRES
NO ÉS LEGAL

LLIBRE AMIC DELS BOSCOS
PAPER PROCEDENT DE FONTS RESPONSABLES

© Eulàlia Canal Iglesias i Glòria Marín i Moro, 2018
© Il·lustracions: Carles Arbat Serarols, 2018
Il·lustrador representat per IMC Agència Literària
© Animallibres
Apartat de correus 6141
08080 Barcelona
www.animallibres.cat
Disseny de la col·lecció: Enric Solbes
Impressió: Romanyà-Valls

1a edició: març, 2018
ISBN: 978-84-16844-68-5
DL: B-4964-2018

Reservats tots els drets.

Qualsevol forma de reproducció, distribució, comunicació pública o transformació d'aquesta obra només pot ser duta a terme amb l'autorització dels titulars, tret de les excepcions previstes per la llei. Adreceu-vos a CEDRO (Centro Español de Derechos Reprográficos) si necessiteu fotocopiar-ne o escanejar-ne algun fragment (www.conlicencia.com; 917021970 / 932720447).

la formiga

Eulàlia Canal i Glòria Marín

L'extraordinari doctor Rupert

Il·lustracions de Carles Arbat

animallibres

En un bosc llunyà hi vivia un doctor molt peculiar.

Es deia Rupert i sabia de tot i més.

No pas com jo que soc només un caçador d'històries i el que més m'agrada és explicar-les.

El doctor Rupert no era un doctor com els altres i les seves medecines o cures, com n'hi vulgueu dir, tampoc.

Que si el conec? Doncs no.

Que com ho sé? Per la mania de ficar el nas allà on no em demanen.

Un bon caçador d'històries les ha de fer, aquestes coses.

Però aquesta història tampoc és com les altres que us poden contar, inventades, girades, o amanides amb sal i pebre per captar la vostra atenció.

Aquesta és tal com raja o, dit ras i curt, és de veres.

I la prova són el plec de cartes que tinc a les mans i que us convido a llegir.

Em preguntareu d'on les he tret, és clar. No patiu, us ho diré ben aviat, però encara no.

Anem a pams.

Primer llegiu aquest cartell on el doctor Rupert ofereix els seus serveis:

Soc el

doctor Rupert Grip

i tracto tota mena de mals:

Mals que corren o que s'estan quiets, pors estranyes i fòbia a les aranyes, espasmes i col·lapses, tristeses de l'ànima i ràbies vàries, abandó i desamor, manies que molesten com mosques i preguntes que punxen...

La consulta cal fer-la per carta amb una descripció breu dels símptomes.

En uns dies, més o menys raonables, segons la lluna, rebreu la resposta convenient.

Els horaris oscil·laran segons bufi el vent.

La bústia la trobareu penjada al roure roig a l'entrada del bosc tenebrós.

I com que sé que quan comenceu no podreu deixar de llegir i no voldreu interrupcions, us diré com vaig topar amb elles.

Jo tornava en l'últim tren de la nit. El vagó era pràcticament buit. Només dos seients endavant, una dona amb un barret verd que li tapava la cara. Els llums del vagó feien pampallugues. De sobte vam entrar dins un túnel i vaig notar una ombra freda al clatell.

No soc pas dels que s'espanten fàcilment, però tot plegat em va accelerar les pulsacions. Quan vam sortir del túnel, la dona ja no hi era. A terra hi havia un paquet. Era de color gos com fuig i tenia unes lletres menudes i vermelles que deien: «Confidencial».

Tot seguit i sense pensar me'l vaig guardar a la motxilla.

No hi podia fer més, soc un caçador d'històries jo, i aquell paquet feia olor d'encanteri i confessions a cau d'orella.

Però tampoc soc mala persona. Per això, uns dies després vaig tenir la delicadesa de posar aquest anunci a tots els diaris:

> S'ha trobat un paquet al tren de les 23.45 Barcelona-Girona, si el voleu recuperar truqueu al 3333 i tres números més.

Ara fa una setmana de tot plegat i encara no m'ha trucat ningú.

A dins, a part del cartell que heu llegit del Doctor Rupert, hi havia una pila de cartes. Estaven ordenades i separades en cinc apartats, com si algú hagués intentat posar ordre en aquell desgavell de despropòsits.

Apartat 1. Cartes amb coses que passen tot sovint.

Apartat 2. Cartes amb problemes peculiars que cal estudiar en profunditat.

Apartat 3. Post-its d'urgència.

Apartat 4. Cartes després d'allò que la Janet i el Marià van descobrir al Bosc prohibit.

Apartat 5. El somriure dels dofins (set dies més tard).

I dit això... Ring-ring... ring-ring... Ui, em sona el telèfon. Un moment, ui, ui, ui, un número ocult. L'haig d'agafar, em sap greu.

Si de cas, mentre despenjo, podeu començar a llegir les cartes. (Us aviso que en algun lloc hi trobareu algunes anotacions, són meves, no ho he pogut evitar.)

Cartes amb coses que passen tot sovint

(Us podeu saltar aquesta part si voleu, són personatges que entren i surten i adeu, tot i que té la seva gràcia, he, he...)

Doctor Rupert,

Em dic Mònica Roca, em dirigeixo a vostè per fer-li saber que tinc un greu problema. Sempre m'ha agradat fer bombolles amb el xiclet (em sortien grans i precioses), però l'altre dia una enorme bombolla se'm va enganxar a la cara amb tanta força que no me l'he pogut treure. A mesura que van passant els dies, la cara se m'ha transformat com un xiclet. Ho porto força malament, l'olor m'agrada, però qualsevol cosa se m'enganxa. Abans d'ahir vaig tenir els morros de l'àvia enganxats durant hores. Va ser molt incòmode. Per no parlar de quan fa vent; mosques, fulles, papers...

No sap com l'hi agrairia, si em pogués donar una solució.

Mònica Roca

Benvolguda Mònica Roca!

A veure, s'equivoca com una coca. Jo no em dedico pas a aquests afers tan simples. Escrigui urgentment al SENXU (Servei

Especialitzat en Neteja de Xiclets i coses que s'enganxen de l'Univers).

Dic urgent perquè imagini's que se li enganxen les males notícies del diari, les cançons que fan maldecap o un eixam d'abelles, tot això li podria causar problemes realment greus.

I a partir d'ara, si vol fer bombolles, que siguin de sabó, si us plau.

Bona sort amb el SENXU.

Doctor Rupert

Hola, Doctor Rupert,

Soc en Jaume, els de casa em diuen que soc un desastre, a mi no m'agrada que em diguin això, però és que moltes vegades al matí quan em llevo em distrec i em poso l'ull esquerre al costat dret, l'ull dret al costat esquerre, el nas al front i fins i tot un dia em vaig posar la boca al costat de les orelles. No és que no m'orienti, és que no ho acabo d'entendre, per què hem d'anar tots iguals? Una tarda em vaig posar els ulls a les galtes i les ulleres de sol semblaven que em fessin lluir un somriure de pallasso preciós.

Si té algun remei o alguna solució l'hi agrairia molt i molt, més que res, pels de casa.

Jaume

Bon dia, Jaume!

Primer: No hem d'anar tots iguals. Punt.

Tercer: Si vol canviar de lloc les coses i experimentar fins a trobar la seva personalitat ideal, fantàstic, endavant.

Últim: Però no esperi que tothom ho entengui o li digui coses boniques.

Segon: Una mica de caos dins de l'ordre a vegades no està malament.

Una salutació,

Doctor Rupert

Doctor Rupert,

Em dic Margarida i tinc un dilema que m'agradaria que em pogués solucionar. Els meus somnis van a gran velocitat, em desperto esgotada. Què puc fer, què faria vostè? Els deixo fer o continuo atrapant-los...?

Li avanço el meu agraïment de tot cor.

Margarida

Margarida (i quin nom més bonic!),

Els somnis, ja se sap, tenen èpoques. Necessiten volar. Això acostuma a passar quan se senten ignorats. Dediqui estones durant el dia a somiar, a mirar els núvols com ballen, les formigues com fan esses, els colors dels peixos, per exemple.

Bons somnis.

Doctor Rupert

Apreciat amic doctor,

Les lletres se m'estan rebel·lant, sap com en soc de llegidor, cregui'm, és com una revolta, s'ajunten i salten sense miraments per desordenar-se.

Com ho podem resoldre?

Atentament,

Cristòfol

Benvolgut Cristòfol,

Quan les lletres es mouen és que s'apropen tempestes. Les lletres són els ocells de l'ànima. Busqui un refugi on aixoplugar-se. És important que disposi de capelina i botes d'aigua, bones menges, llar de foc i mantes suaus, amics i jocs de nit.

I si té la gran idea de convidar-me (per exemple) vindré encantat.

Que vagi bé.

Doctor Rupert

Cartes amb problemes peculiars que cal estudiar en profunditat

(Aquí comença la veritable història i tots els personatges són importants, llegiu amb atenció i veureu com es va teixint, de mica en mica, una història de..., he, he..., ja us ho trobareu.)

Senyor Doctor,

Li faig arribar una salutació malgrat que no tinc el gust de conèixer-lo. Per educació.

Que d'això sí que vaig ben servit. Bé, no em vull enrotllar però sí que li vull fer saber que el vent és el que m'ha portat el seu missatge. Per ser concret i concís, m'ha vingut una mena de recargolament a l'estómac que m'ha fet ajupir i quan m'he incorporat, un cop de vent m'ha enganxat la seva nota al bell mig de la cara. De l'ensurt, he començat a cridar i a córrer i de sobte un arbre m'ha aturat en sec.

Quan m'he refet, i amb un generós bony al front, he llegit la nota i he pensat que era molt oportú demanar-li què em podria donar per calmar aquest xup-xup que no s'atura i creix desmesuradament, fins a arribar a fer-me perdre la visió.

Desitjo que em contesti al més aviat possible, i que el vent em retorni una solució ràpida.

Un pacient

Benvolgut Comsiguiqueesdigui,

Per començar li diré que no sé pas qui li ha ensenyat l'educació aquesta que diu, però això de no presentar-se em sembla molt desagradós.

És obvi que per fer un bon diagnòstic necessito saber si és persona o animal, o alguna altra mena d'ésser viu, el seu nom, i els fets més rellevants de la seva vida.

Li demano que sigui breu i clar. M'agrada anar per feina i em resulta intolerable perdre el temps amb banalitats. Tinc molts altres pacients esperant.

Doctor Rupert

Doctor!

M'ha dit desagradós i mal educat, a mi? Miri, si té tants pacients que no li ve d'un, no cal que em respongui! No tinc temps per perdre amb doctors impertinents. Au, a pastar fang! Ai, perdoni, no sé si vostè és una persona, un animal o un extraterrestre.

Un pacient

Comsiguiqueesdiguiisigui,

Ja veig que té la pell molt fina i s'ofèn pel que no cal. I no només això sinó que fuig d'estudi i no vol mullar-se. Hi ha molta gent (animals també) pel món amb aquests mateixos problemes i la vida no els somriu gens.

Es podria tractar d'una síndrome de Peter Pan, li sona?

Doctor Rupert

Senyor Doctor,

Té raó, la vida no em somriu com voldria. He fugit tant d'estudi que he deixat l'escola i el Peter Pan sempre ha estat el meu ídol! Ara sí que m'adono que té poders i que potser em pot ajudar. Li demano disculpes i m'agradaria que la nostra relació comencés de nou.

Em dic Marià i durant dotze hores al dia soc humà, mentre que les altres dotze hores soc un robot.

Marià

Benvolgut Marià,

Aquesta revelació m'aclareix un munt de coses, però tot i així, per afinar el diagnòstic necessitaria que em responguésles següents preguntes:

Va néixer així o s'hi ha tornat?

Quin dels seus estats –humà o robot– li causa més malestar?

I també, molt important, quin d'ells m'escriu?

Atentament,

Doctor Rupert

Doctor Rupert,

M'he adonat per les seves paraules que no ha fet grans escarafalls al llegir la meva última nota. L'hi agraeixo. Intentaré contestar les seves preguntes.

Que en sigui conscient, sempre he estat així, però potser ho hauria de consultar a la Tereseta, la mare, és ella la que em va recollir de dins d'un contenidor.

Sobre quin dels meus estats em causa més malestar, ara mateix no l'hi sabria dir, ho estudiaré per poder-li respondre amb més precisió. De moment li avanço que quan passo d'un estat a l'altre, de robot a humà, sobretot, em queda el cos adolorit una bona estona.

Per cert, disculpi si em prenc aquesta llicència, però tinc una companya que té un problema i m'ha demanat si li pot escriure. Miri, em va sortir així de cop, estàvem a la fàbrica, manipulant una màquina de planxar quan es va queixar dels cabells. Jo li vaig dir «què et passa?». I ella, tota encarcarada, em va dir que últimament els cabells li anaven cap on volien i li feien mal.

Espero la seva resposta.

Marià

Benvolgut Marià,

Doncs sí, pregunti i estudiï, perquè divaga com un estruç sense ulls i així costa avançar. De fet encara no sé pas de quin mal es queixa.

Què li fa mal?

Què hi feia en un contenidor?

Doctor Rupert

PS: Ah!, i la seva companya de feina em pot escriure quan li plagui.

Doctor Rupert.

Miri, sense embuts, el que més mal em fa és que m'insulti. He fet tot el que he pogut per ser correcte amb vostè i em diu «estruç sense ulls...»? A la porra!

Ah, i la meva companya no li escriurà, a ella tampoc li agrada la seva manera de tractar els pacients!

Marià

Benvolgut Marià,

Vostè sense embuts, doncs jo sense coladors:

Els estruços són els animals que fan els ous més grossos i corren com el vent.

Això sí, és l'únic ocell que no pot volar, pesa massa. Com totes les coses que vostè pensa.

De les coses que li dic en pot treure ofenses o aprenentatges, com vulgui.

És lliure d'estar enfadat, s'ho passarà molt bé, enfadat com un nap, però la seva companya no en té cap culpa i té tot el dret a escriure'm i a opinar per ella mateixa

Bon vent.

Doctor Rupert

Bona nit, doctor Rupert Grip,

Em dic Janet i soc amiga del Marià. Soc una persona, humana. Els meus cabells es mouen com volen, si jo em giro cap a la dreta els cabells van cap a l'esquerra, si m'ajupo, els cabells s'enlairen i m'estiren amb tanta força que em fan mal. Vaig intentar tallar-me'ls i va ser terrible, se'm van recargolar i se'm van enganxar al cap amb tanta, tanta força, que vaig perdre el coneixement.

M'esforço per ser breu, com a vostè li agrada. Em costa.

M'ha començat a passar de cop i sense avisar.

Atentament,

Janet

PS: El Marià està enfadat i llança puntades de peu a tort i a dret, com un estruç, he, he, he.

Doctor,

Soc en Marià,
enfadat com un nap,
cargolat com un drap,
i amb el cap fet un nyap.

Marià

Benvolguda Janet!

El seu cas és un cas de manual. Es tracta de la síndrome *Ignoris revoltis*. L'hi explico:

Els seus cabells han iniciat una revolta de vital importància i cal saber escoltar què li volen dir. Per això li faré tres preguntes cabdals:

En quin moment va començar i quines coses li estaven passant?

Ha tingut algun malson que es repeteixi últimament?

Me'l pot explicar?

Doctor Rupert

Ben retrobat, doctor Rupert.

M'ha agradat el nom de la síndrome que pateixo, quan ho he llegit per primer cop he pensat que potser m'havien sortit uns quants bolets al cap. Pel «revoltis».

Em va començar a passar després d'anar al cinema, no era una pel·lícula de por. Era romàntica.

Sempre se'm repeteix el mateix somni: estic a la platja, esperant veure com les petites tortugues d'aigua trenquen les closques dels ous per fer la cursa més vital de la seva vida, arribar a mar. Quan de sobte una closca d'ou gegant em cau al damunt i m'enterra.

He estat breu?

Janet

Doctor xup-xup,
Dins un embut,
em pica el nas,
em pica el peu,
em grato el cul.

Marià

Benvolgut Marià!

Em preocupa molt el seu cas. És greu com una bomba de rellotgeria. Es tracta d'una *Sinapsi rabiatitis* de primer grau.

Només el pot curar una cosa: un xarop de banya de mosca i una infusió lenta d'escanyapolls.

Cal que s'ho prengui al capvespre a petits glops vora el riu.

Així doncs, no faci més l'estruç i agafi l'autobús.

Doctor Rupert

Benvolguda Janet,

Anem bé, avançant, però encara em cal que respongui un parell de preguntes:

De quin color porta els mitjons?

Quin és el seu moment preferit del dia? Bon pas i bona hora.

Doctor Rupert

Apreciat doctor,

Les seves paraules m'acompanyen, les guardo a la butxaca i quan les toco somric.

Els mitjons els porto de ratlles i de molts colors, de flors i de molts colors, de piquets i de molts colors. M'agraden els colors. Només tinc un parell de mitjons negres i un parell de marrons; quan obro el calaix i els veig se m'arronsa el melic i els cabells se'm recargolen amb tanta força que els ulls s'humitegen.

No m'agrada la nit i odio el silenci.

Janet

Doctor Xarop,
Ala de mosca,
suc de cocodril,
ulls de supositori,
pet de mandril.
Passejo pel riu,
em prenc la infusió,
el sol s'amaga,
quina confusió!

Marià Tral·larà

Ei, doctor Grip!

Soc veïna de la Janet.

La Janet m'explica que des que s'escriu amb vostè està més contenta. I es nota, jo l'hi noto.

Intentaré ser breu.

Com que diu que vostè ho cura tot, he pensat que em pot ajudar amb la mania que tinc de tancar portes. Les tanco totes. Els monstres peluts em fan por i les pessigolles em fan plorar!

Com ho veu? Em podrà recomanar alguna cosa?

Lliberta

Ben trobada Janet,

Dona gust tractar amb pacients com vostè, no es pot imaginar els problemes de comprensió i mala interpretació amb què em trobo sovint.

Però tornem al cas. Ho tinc. Ho veig amb una claredat telescòpica.

El seu cor és com un planeta solitari amb un buit molt fosc. El seu cap vol recuperar l'alegria, la companyia..., però el cor s'hi resisteix, com una tortuga que s'amaga sota la closca.

Però suposo que deu voler saber com es cura, oi?

Els cabells hauran de negociar amb el cor per arribar a un acord satisfactori per a la seva persona.

Instruccions:

1. Posi's en el lloc dels seus cabells i faci una petició per escrit al seu cor.

2. Posi's en el lloc del seu cor, llegeixi amb atenció la petició i respongui.

A veure com avancen les negociacions.

Em manté informat.

Bona entesa.

Doctor Rupert

Benvolguda Lliberta,

Si fa fred o aire o vol intimitat és molt adequat tancar les portes; tot i així, en altres

ocasions, i com em sembla que és el seu cas, pot resultar simptomàtic que alguna cosa no va a l'hora.

Li faré un parell de preguntes importants:

Amb les finestres, també li passa?

Quants monstres peluts s'ha trobat fins ara?

Atentament,

Doctor Rupert

Marià,

Està segur que ha seguit al peu de la lletra les meves instruccions?

Ho hauria de repetir almenys durant set dies seguits.

No s'ho prengui a la lleugera, que s'hi juga la vida.

Bon vent, bona gent i anar fent.

Doctor Rupert

Senyor doctor,

Les seves paraules m'han fet envermellir.

He intentat que els cabells i el cor negociessin seguint les seves instruccions... i no ha estat possible.

El cor ha deixat anar un udol i s'ha aturat durant uns segons.

Els cabells m'han arrossegat fins a la cuina i s'han empassat un grapat de farina de civada.

Aprofitant un instant de quietud li he preguntat al cor si se sent com un planeta solitari. Ell m'ha respost: lub-lub-lub! Lubb, dub!

No l'he volgut disgustar, però no l'he entès.

Janet

Holaaa!

Ei, molt bona la seva resposta. Estic segura que té raó i alguna cosa no va bé.

M'ha fet una mena d'impressió rebre la seva carta, ha estat com si desemboliqués un regal amb sorpresa. És divertit.

Ara li faré una confessió seriosa: sempre he tingut fama de figaflor i mai m'havia atrevit a dir que em fan por els monstres peluts. A vegades m'arrisco, li llanço una mirada maligna i un petit insult... Res... Curt de gambals... Ho dic fluixet, molt fluixet, però tan bon punt em sent, el monstre agafa embranzida i haig d'arrencar a córrer.

Les finestres són altes i altives, si puc salto i les tanco, si no, faig veure que no les veig, però sé que estan obertes i no em fa gens de gràcia.

Cada dia veig monstres peluts. Cada dia. Fins aviat, doctor!

Lliberta

Doctor,

Jugo amb les lletres, les enganxo i en surten paraules, poemes coixos sense rima que em fan riure. Jugo fent rodolins que no

lliguen ni amb cordills, però aprenc a mirar tot el que m'envolta i els badalls se m'esberlen dins les sabates.

Em quedo en el meu núvol, doctor?

Marià

Benvolguda Janet!

El seu cor és delicat com un fil de teranyina. Lub-lub, és l'única manera que ha trobat d'expressar la tristesa. Troba a faltar molt, moltíssim, algú. Es podria tractar de la síndrome de la cadira buida.

La negociació haurà d'esperar. Plori, si vol. Tant com vulgui.

I després faci un dibuix ben bonic i l'hi regala.

No s'oblidi d'explicar-me com ha anat.

Estaré esperant les seves paraules

Bona lluna i bons somnis.

Doctor Rupert

Benvolguda Lliberta!

Els monstres peluts són el més gran dels problemes. Diria que si no fos per això no tindria la dèria de tancar portes.

És urgent que trobi què fer amb ells. Les mirades malignes i els insults no serveixen. Hi ha molts tipus de monstres i els seus no sé de quina pasta estan fets. Això és el primer que ha d'investigar.

Quines debilitats tenen? Què volen?

Expliqui'm tot allò que descobreixi. Bona recerca.

Doctor Rupert

Hola, Marià!

Quedar-se al seu núvol és una opció. Abandonar, una altra.

Però n'hi ha de molt més interessants.

Li recepto que pregunti a un nen això:

Què és la felicitat?

Bon vespre.

Doctor Rupert

Senyor doctor,

He plorat força i... fluixet. Els cabells s'han inclinat enrere i s'han posat a roncar. Potser estaven avorrits o bé m'han copsat la tristesa.

He dibuixat dos cors somrients damunt la closca d'una gran tortuga. Quan l'hi he regalat s'ha fet un silenci espès com la tapioca, un silenci que s'ha estripat de sobte amb un xiscle agut i un panteix, com el d'un animal ferit.

Quan el cor s'ha calmat m'ha dit: lub-lub-lub-lub-lub-lub! Briss! Lubb, dub! Luuubbbbbbb! Breeeessss! Lub! I com si es mogués sobre un eix, ha deixat anar Bluffff!

No l'he entès. No l'hi he dit.

No m'ha tornat el dibuix. Ara tinc una nosa estranya al pit.

Janet

Doctor Grip, hola!

L'hi haig d'explicar, l'hi haig d'explicar! Avui se m'ha acostat un monstre pelut bramant i udolant. Jo m'he fet la forta i no he fugit. Primer se m'ha fet un nus a la gola, però quan m'he recuperat li he preguntat de què tenia por, ell. El monstre s'ha apartat els pèls d'una bufada i deixant al descobert uns ulls brillants i lluents m'ha dit: «De tu...».

Que fort! Li faig por. Primer m'he quedat parada però quan he reaccionat, sap?, he pensat que era molt sincer i d'una gran amabilitat confessar-ho, ens tenim por!

Com que la cosa semblava que anava bé, li he demanat què vol de mi i sense mirar-me, amb un xic de timidesa, ha dit: «Aprendre a cantar». Molt bé, li he dit, i he girat cua.

Últimament tanco i obro portes tres cops. Tanco, obro, tanco.

Lliberta

Doctor, doctor!

Feliç com un anís!
Feliç com un cigró!
Mastego un pastís.
De poma i macarró!

Li he preguntat a un nen què és la felicitat i m'ha dit: «Les gominoles!».

Marià

Benvolgut Marià,

Continuï preguntant
al bufador de vidre i al venedor de pipes,
a l'Unicorn i a l'avi del món,
i a aquell grill que canta de nit.

Doctor Rupert

Janet,

Li ha de donar temps. Els cors volen temps per curar les ferides.

Entretant, convidi el seu millor amic a berenar (un pastís de cireres, per exemple) i comparteixi-hi amb ell un secret i una abraçada llarga.

Bona vetllada.

Doctor Rupert

Lliberta,

Fantàstic. Pas a pas.

Ara li pot preguntar quines cançons li agraden més.

Per cert, vostè en sap, de cantar?

Bon vespre.

Doctor Rupert

Doctor Grip,

He preguntat al venedor de pipes i m'ha dit que la felicitat és la llavor. Ho he trobat normal.

El bufador de vidre ha respost l'aire. Està bé, si no bufa aire, res de res...

He cercat l'Unicorn i quan l'he trobat m'ha dit a cau d'orella: «La felicitat és cavalcar pels boscos». Li agrada la velocitat.

He caminat buscant l'avi del món i quan l'he trobat, m'ha bufat a l'orella que la companyia el fa feliç.

Amb totes les respostes m'agradaria fer una mena de cosa, com un còctel amb tots els ingredients, què me'n sortiria?

Marià

Doctor Rupert,

He convidat a berenar el Marià i la Lliberta!

Xocolata desfeta i melindros.

Hem ballat cridant visques i hurres.

Hem rigut molt, fins i tot ens hem empastifat amb el pastís de nata i maduixes, que no sé com s'ha escapat de la nevera!

Hem compartit tres secrets... Fluixet, sense escàndol. I quan ens hem abraçat, els meus cabells ens han encerclat a tots tres.

Ha estat una aposta arriscada que em podia sortir malament, però ha sortit bé.

Janet

Doctor Grip!

He deixat les portes obertes fins que no he pogut més i he arrencat a córrer per tancar-les.

El monstre pelut, barbut i sorrut era a dins, estava escarxofat al sofà de casa. L'anava a renyar però he pensat que era millor cantar-li «Una vegada un ciclista de pega...».

No es pot imaginar com n'és de complicat cantar quan tens al davant un monstre pelut que es peta de riure, ensenyant un munt de dents punxegudes i esquitxant-te de bava de dalt a baix.

En acabar ell ha caigut de morros a terra, rient i udolant.

Potser no canto bé.

Lliberta

Benvolgut Marià!

Una excel·lent idea, això del còctel. El resultat? Una sorpresa, ha, ha. Ja m'ho dirà. De moment el felicito, ha superat la fase profunda, però no s'abandoni. Cal seguir la investigació.

Només una pregunta:

I a vostè, què el fa feliç?

Bona tarda i bona hora.

Doctor Rupert

Hola, Lliberta!

Has fet un pas de gegant. Allò que importa no és si cantes bé o no, és el coratge de cantar cara a cara al teu monstre pelut.

Quan torni li pots preguntar quines cançons li agraden, no m'estranyaria gens que coincidíssiu. Bons sons.

Doctor Rupert

Benvolguda Janet!

Les previsions són immillorables, i me n'alegro especialment.

Estic a punt de donar-li l'alta definitiva.

Només una cosa:

Quin pentinat porta avui?

Bon vespre amb olor de ginesta.

Doctor Rupert

Doctor, doctor!

Ara mateix no sé què em fa feliç però seguiré investigant.

Miri, les altures em produeixen vertigen, no pujaré muntanyes però agafaré la cantimplora, la motxilla, em posaré les xiruques i sortiré d'excursió.

Tinc un interès especial per trobar la felicitat i quan la trobi la pujaré a collibè! Què li sembla?

Marià

Doctor Grip,

«Mireu allà dalt, en el sostre què hi ha, és un gros animal, en bicicleta va, és un elefant i doncs què us penseu...?»

Cantem i ballem, té nassos la situació!

Ara, el monstre pelut diu que aquesta és la nostra cançó i estem preparant la coreografia. Això és una bogeria!

Bona música.

Lliberta

Doctor Rupert,

He flairat la seva carta i un bocí de ginesta m'ha acaronat.

He tancat els ulls i m'he trobat al costat del camí pintat de groc.

He parat l'orella i he sentit els violins de Vivaldi.

Porto un monyo escabellat.

Janet

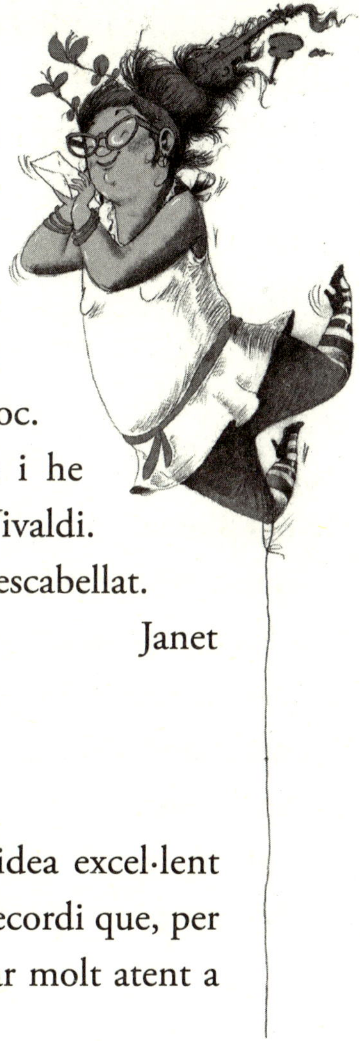

Marià,

Em sembla una idea excel·lent marxar d'excursió. Recordi que, per investigar bé, cal estar molt atent a totes les pistes.

Atent amb els ulls com un aguilot i atent amb les orelles com un conill.

Hi ha pistes per tot arreu, a fora i a dins. A vegades les de dins són les més difícils d'escoltar.

Bon viatge.

Doctor Rupert

Hola, Lliberta.

Anem bé, però convindria saber alguna cosa del teu monstre. Jo en vaig conèixer un que era molt simpàtic i jugava a saltar pedres. Sempre guanyava i reia, però el dia que va perdre es va inflar com un globus i va explotar.

Tots els monstres tenen coses que odien. Pregunta, va bé saber-les.

Doctor Rupert

Janet,

Els monyos és la manera que tenen els cabells d'abraçar-se.

D'altra banda li haig de comunicar que seré fora uns dies en un congrés sobre els mals estranys i paranys de l'os polar.

Em serà impossible atendre les cartes.

Espero que els violins segueixin bufant al seu pas.

Doctor Rupert

Bona nit, Doctor.

He caminat, he travessat el bosc i he pujat una muntanya. Assegut damunt d'una roca he esperat que s'atansés la posta de sol i he escoltat el silenci.

He vist la lluna, encara suau, mig translúcida i m'he adonat de l'esclat de colors.

Marià

Doctor Grip!!!

El que m'ha explicat del monstre que va conèixer m'ha fet petar de riure. Li costava perdre, oi?

He deixat les portes obertes de casa i no he tingut pressa a tancar-les. El monstre i jo hem parlat cara a cara, davant d'un pastís de nata, amb els morros bruts. De sobte m'ha dit que vol passejar pel món cantant cançons. L'he felicitat i, després d'embafar-se de pastís, a grans gambades ha marxat.

M'ha deixat un número, però no té telèfon. No ho entenc.

Ja no tanco portes, ara el corrent d'aire s'escampa per casa.

Lliberta

Doctor,

Enfilada a la teulada de casa tinc una vista fantàstica del cel.

Damunt les teules, amb els cabells molls, he deixat que el mateix vent de què vostè em parla m'acaronés.

No conec la cara que faig quan m'empipo perquè no em passa gaire sovint, fujo dels miralls per no veure'm... Però ara sé com n'estic, d'enfadada.

Els violins han emmudit de cop quan he llegit la seva carta.

Quan torni, em contestarà?

Janet

Post-its d'urgència

(Això no són cartes, són notes entre la Janet i el Marià, buf-buf, cap d'ells dos té ni idea d'on es fiquen, buf-buf, són així d'inconscients, ells.)

Janet, soc el Marià.

T'he buscat per fer-t'ho saber i no t'he trobat.

Ahir quan vaig sortir d'excursió, sense adonar-me'n, vaig travessar la part prohibida del bosc del nord, i quina va ser la meva sorpresa quan em vaig trobar amb un cartell que anunciava que demà a la tarda hi ha convocada una conferència del Doctor Rupert Grip. Com que no pares de parlar d'ell i estàs trista... Ara ja ho saps!

Marià

Marià, vull anar a la conferència del Doctor Rupert!

M'hi acompanyaràs?

Janet

Janet, que potser juguem al gat i al gos? He trobat la nota a la casella del vestuari, t'he tornat a buscar i res.

Si vols, t'hi acompanyo. No és fàcil arribar-hi, és a la part prohibida del bosc del nord.

Si estàs segura d'anar-hi, per mi genial, ja saps que ara els reptes m'agraden.

Marià

Marià, hi vull anar! On quedem?

Janet

La conferència és a les set de la tarda, quan sortim de la fàbrica hi anem directe. Agafa xiruques i aigua.

Marià

Cartes després d'allò que la Janet i el Marià van descobrir al Bosc prohibit

(Que què van descobrir? He, he, llegiu amb atenció, perquè la història penja d'un fil molt fi i es podria trencar per sempre, glups. O no, he, he...)

Doctor Rupert.

El cor em fa fru-fru i les costures se li han suavitzat. He après a escoltar-lo i no m'enganya.

Necessito veure'l.

Janet

Benvolguda Janet,

Això que em demana no és possible. Li asseguro que no li convé gens una trobada amb mi (s'enduria una decepció enorme i innecessària) i qualsevol qüestió o dolència que pateixi la podem seguir tractant per carta.

D'altra banda, li volia comentar una cosa. Acabo de tornar, després de tres dies de congrés força moguts però molt interessants. Tot i així hi ha un fet que em preocupa. Un dia en plena conferència van irrompre a la sala dos éssers humans.

I jo em pregunto: deu ser que es comencen a interessar per nosaltres? O són espies i estan preparant alguna mena d'atac? (No seria la primera vegada.) No ho vam poder esbrinar, perquè van fugir corrent. Jo juraria pel seu aspecte que no eren perillosos. Això sí, van causar un neguit general i va costar reprendre el fil del que ens ocupava.

Li comento això per si en té alguna informació i m'ho pot aclarir.

Bons somnis,

Doctor Rupert

Apreciat doctor Rupert,

En una de les seves cartes em va escriure: «Convidi el seu millor amic a berenar (un pastís de cireres, per exemple) i comparteixi-hi un secret i una abraçada llarga».

En aquests moments, vostè és el meu millor amic i tinc necessitat de compartir un secret que sé que vol saber.

L'abraçada pot tenir la intensitat i mida que desitgi.

Janet

PS: (I això és millor que no ho llegeixi, ups!)

L'enrenou i el neguit que va fer aturar la conferència va ser la presència del Marià i la meva. No se si seré capaç de dir-l'hi...

Ben trobada, Janet!

Això que em diu cap per avall em causa un desconcert majúscul. En aquests moments estic del tot confós. Doncs, si ho he entès bé, vol dir que sap del cert que no soc una persona, sinó d'una altra espècie. Una espècie que els humans acostumen a menystenir, maltractar o ignorar.

I si és així, com és que em mostra aquest afecte i insisteix que em vol veure?

És una trampa?

Doctor Trepur

PS: Perdó, però les lletres del meu nom s'han embolicat, em passa quan em deixen pleprex, perdó, perplex, vull dir.

Doctor,

Puc entendre la seva confusió. I soc conscient que encara es pot desconcertar més quan acabi de llegir aquesta carta.

Se m'escurça l'alè quan m'escolto el batec del cor. Necessito deixar fluir el sentiment que m'envaeix, fer-li saber que tot l'amor que se'm passeja pel cos és per a vostè.

No recordo on ho vaig llegir o sentir, però l'hi vull fer arribar: «Si no captes l'espurna de bogeria d'algú, no el pots estimar».

Jo he captat la seva? Podrà captar la meva?

Quan ens podem veure?

Janet

Tanje, perdó, Janet!

Crec que hi ha un greu equívoc en tot aquest afer.

Conec els contes de fades que tenen el costum d'explicar els humans. Ja sap a què em refereixo, els prínceps convertits en gripaus o en bèsties que quan reben un petó d'amor pur tornen al seu estat natural.

Doncs jo no soc pas un personatge de conte. Li puc assegurar que ni cap petó ni cap acte d'amor pot fer que deixi de ser un trist i fastigós gripau. I és evident que vostè es mereix algú que estigui a la seva alçada.

Aclariment fet, suposo que el seu interès per trobar-nos passarà del 100% al 0%.

Em sap greu no complir les seves expectatives perquè confesso que li he agafat cert afecte; certament, no sé com dir-ho, les seves cartes em provoquen unes pessigolles a la gola que no té cap explicació fientícica, científica, vull dir, i em deixen fora de joc, no sé què dir.

Crotod Pruret

Doctor, doctor,

Soc en Marià i he dubtat, considerant la situació, si li havia d'escriure, però si una cosa he après de vostè ha estat a expressar-me.

La Janet està trista com una sola de sabata, desmenjada i amb els cabells esborrifats (o com es digui!). Ni tan sols el xiulet de plegar (la sirena) li trenca la glacera que la posseeix. Ets al seu costat i pots sentir el vol d'una mosca. S'empassa la tristesa a glops i tot perquè l'estima.

Li ha caigut de les mans l'última carta que vostè li ha fet arribar, no l'hauria d'haver llegit, però ho he fet.

La Janet no és de les que es creu que un petó a un gripau el convertirà en príncep. Ella el va començar a estimar sense saber qui era i el segueix estimant.

Què li sembla si li dona una oportunitat?

No li negaré que quan jo el vaig veure, vaig empal·lidir i em vaig enfadar molt, però va ser la Janet la que em va fer veure tot el que m'ha ensenyat i he après de vostè.

Buf, en qüestions de sentiments no me'n surto. Se'm veu el llautó.

Posi's a saltar una estona i quan la sang li arribi al cervell escrigui a la Janet.

Marià

Ben trobat Marià,

Li agraeixo la seva carta i trobo que se'n surt molt bé amb les paraules. I per si encara no ho sabia li diré una cosa: vostè té fusta de poeta.

I dit això li volia demanar un favor.

Ara haig d'assistir a un congrés sobre el somriure dels dofins (el dofí és un animal que no té por dels humans, és curiós).

Seré tres dies fora, als boscos glaçats de la fi del món.

He provat d'escriure a la Janet però les lletres se m'emboliquen totes. No ho entenc.

Per això li volia demanar si li pot dir de part meva que quan torni prometo anar-la a veure, sempre que ella encara ho vulgui.

Espero que sí, i aleshores que passi el que hagi de passar.

Una abraçada,

Doctor Rupert

Doctor,

Si en aquests moments pogués veure les guspires de felicitat que se'm passegen pels ulls, s'adonaria del regal que m'ha fet arribar amb la seva carta. Gràcies, sé que haig de treballar molt per aprendre poesia i ho faré.

Potser li hauré de donar explicacions a la Janet sobre el fet que ens hem comunicat, però no dubti que me'n sortiré.

Marxi tranquil cap al congrés sobre el somriure dels dofins, l'hi faré saber a la Janet. Quan torni, pensi que ella l'estarà esperant. No ho dubti.

Ei, crec que el neguit i la por del que pot sentir i experimentar fa que les paraules se li emboliquin.

No soc metge, però d'alguna cosa m'ha servit fer-li cas!

Bon viatge.

Marià

Doctor Grip!

M'ha arribat la notícia que és un Gripau! Que divertit!

És genial que hagi tingut temps per estudiar i ens pugui ajudar a tots aquells que ho necessitem. No sap prou com l'hi agraeixo. És un crac, Grip!

El monstre pelut m'ha vingut a buscar perquè vol que fem un duo i que viatgem plegats cantant pel món.

No sé què fer.

Per convèncer-me, el murri m'ha dit que el món està obert de bat a bat, sense portes.

Què haig de fer?

Lliberta

Hola, Lliberta!

Una pregunta molt interessant.

Et diré què en penso:

Ha arribat el moment que prenguis les teves pròpies decisions. Has demostrat tenir el coratge necessari per fer-ho.

Ara saps que no cal que tanquis totes les portes.

Fins aviat i que tinguis molta sort,

Doctor Rupert

El somriure dels dofins

(Set dies més tard.)

(No tinc paraules, zero paraules, només llegiu.)

Estimat,

Et trobo a faltar.

Quan tanco els ulls sento la nostra primera abraçada, el nostre primer petó i m'estremeixo tota.

«Janet, soc un gripau», em vas dir. «Ho sé i t'estimo», et vaig contestar.

Compto les hores que falten per trobar-nos de nou i compartir amb tu una infusió de mosquit sota el cirerer.

Espero que el congrés de badalls de cocodrils sigui un èxit.

T'estimo, Rupert.

Janet

Estimada Janet,

Et diré un secret. Dissabte, quan em vaig plantar a la porta de casa teva, tremolava com un flam. No gosava picar. Vaig saltar a la finestra i aleshores et vaig veure. El vestit groc gira-sol, els cabells roig cirera, i el nas arromangat com un gat. No sabia si fugir o raucar. «Benvingut, Rupert», vas dir amb un somriure de dofí.

I totes les pors es van desfer. Em vaig sentir com si volés, i t'asseguro que tenia les quatre potes enganxades a terra com un llimac.

Ara, per molt lluny que viatgi, ets com una papallona que m'acompanya.

Ahir, a la conferència sobre la memòria d'elefant davant d'un grup de científics força nombrós (pensa que molts estaven enfilats als arbres perquè no hi havia prou espai) em vaig quedar en blanc. Com un peix. El silenci es podia tallar amb un branquilló. Vaig aclucar els ulls i se'm va aparèixer el teu somriure, i aleshores em vaig sentir dir:

«Allò que més em fascina de tots els éssers vius és que per molt que els vulguem conèixer i estudiar sempre hi ha coses impossibles de predir, sorpreses, com els somnis o l'amor».

S'enamoren els elefants? Qui ho sap?

I vaig cloure la xerrada i em vaig afanyar per no perdre l'últim vol de tornada.

Fins ara mateix,

Doctor Rupert

I si heu arribat fins aquí suposo que voldreu saber qui em trucava. O potser ho heu oblidat?

Sigui com sigui, com a bon caçador d'històries us ho haig de dir.

Era la Janet! Sí, sí, la Janet, la mateixa de les cartes.

Com ja us podeu imaginar no m'he pogut estar de preguntar pel doctor Rupert.

Amb veu dolça m'ha dit que el doctor segueix fent conferències, i en aquests moments es troba a Escòcia presentant una tesi sobre el sanglot del salmó.

Que estan més enamorats que mai i que el paquet se'l va oblidar quan anava a un cosidor de llibres, ja que és l'obsequi que li vol fer al Rupert pel seu seixanta aniversari.

De fet, és ella la que hi ha dedicat temps i hores a classificar i separar en apartats les cartes.

M'he ofert a portar-l'hi a un cosidor de llibres que és molt conegut i m'ha dit que fantàstic, que li faré un gran favor, que ella ara té molta feina amb l'OMDDEV (Organització Mundial en Defensa pels Drets dels Éssers Vius).

Ara mateix n'és la presidenta i està escrivint el manifest inaugural.

També m'ha explicat que ara dedica part del seu temps a l'estudi de les tortugues. La closca, sobretot. Ha descobert que la closca d'una tortuga, si la saps llegir, diu moltes coses.

Hem parlat una bona estona, però no us ho explicaré pas tot.

Un bon caçador d'històries sempre s'ha de guardar alguns secrets a la butxaca, són paraules que belluguen i frisen per començar a formar part de la propera història.

Índex

A la mateixa col·lecció

Això és un secret que només sé jo
Eulàlia Canal
Il·lustracions de Zuzanna Celej
ISBN: 978-84-15975-06-9
«La Formiga», 50
A partir de 8 anys

Arribo a l'escola i trobo la porta oberta... La Dèlia no és al seu lloc al costat de la porta com sempre. Damunt de la taula hi ha el cafè amb llet sense tastar. Miro cap a les escales i, aleshores, la descobreixo estirada a terra. Al seu costat, hi ha un botó amb el gravat d'una serp, me'l poso a la butxaca i penso, no em pregunteu per què, que sóc a l'escenari d'un assassinat.

A la mateixa col·lecció

Quin cap, Clara!
Glòria Marín
Dibuixos de Teresa Herrero
ISBN: 978-84-15095-21-7
«La Formiga», 25

A la Clara, des de ben petita, li surten objectes molt poc corrents al cap: uns xumets, una olivera, un ocell que nia, unes granotetes... Per si no fos prou, un dia li creix una petita antena parabòlica, i comença a escoltar la conversa d'uns malfactors que li posa la pell de gallina!

A la mateixa col·lecció

Un somni dins el mitjó
Eulàlia Canal
Dibuixos de Valentí Gubianas
ISBN: 978-84-96726-23-9
«La Formiga», 8
A partir de 8 anys

La Naima espera anar de vacances amb els seus pares, però la mare està molt enfeinada i s'ha quedat sense temps per fer-ne, i sense temps per somiar. La nena sospita que hi ha un lladre que roba el temps a la mare i, amb l'ajuda d'en Timmi, el seu millor amic, trama un pla per atrapar-lo. La Naima farà un pila de descobriments i una gran troballa: allò que vol fer quan sigui gran.

A la mateixa col·lecció

No despertis vells fantasmes!
Teresa Blanch Gasol
Dibuixos de Cristina Picazo
ISBN: 978-84-1684-467-8
«La Formiga», 86

L'Edu i la seva mare han d'anar a viure a casa de l'àvia i, des del mateix dia del trasllat, les coses es compliquen. El nou conserge de la finca és un maniàtic de la neteja, a les nits se senten sorolls estranys i la vella llegenda d'un fantasma plana sobre l'edifici. Però no tot són inconvenients. Almenys, l'Edu retroba la seva colla i junts hauran de desvelar tot un seguit de misteris.

A la mateixa col·lecció

Estels Vermells
Flàvia Company
Dibuixos de Jorge del Corral
ISBN: 978-84-1684-441-8
«La Formiga», 81

En Gerard és un petit ocell acollit per una família d'esquirols. És feliç, però no ha après a volar perquè els esquirols no l'hi poden ensenyar. La vella Damiana, una formiga que ha viatjat per mig món, li proposa d'anar a conèixer en Conrad el falcó, que fa classes de vol. El viatge serà ple d'aventures i, a més, en Gerard acabarà descobrint els seus orígens.